다양한 문화를 꽃피운 고려 ①

왜 그런지 정말 궁금해요

'코리아'라는 이름은 어떻게 세계에 알려졌나요?

글 박종진·전경숙

다섯수레

차례

'코리아'라는 이름은
어떻게 세계에 알려졌나요?

처음 펴낸 날 | 2012년 6월 20일
개정판 펴낸 날 | 2021년 11월 5일

글 | 박종진, 전경숙
그림 | 문종인

펴낸이 | 김태진
펴낸곳 | 다섯수레
주소 | 경기도 파주시 광인사길 193
  (우 10881)
전화 | 02) 3142-6611 (서울 사무소)
팩스 | 02) 3142-6615
홈페이지 | www.daseossure.co.kr
등록번호 | 제 3-213호
등록일자 | 1988년 10월 13일

인쇄 | (주)로얄프로세스
제본 | (주)책다움

ⓒ 박종진, 전경숙 2012

ISBN 978-89-7478-443-0 74910
ISBN 978-89-7478-445-4(세트)

이 책을 쓴 박종진 선생님은 서울대학교 국사학과 대학원에서 박사 학위를 받았습니다. 현재 숙명여자대학교 역사문화학과 교수로 계시면서 고려 왕조의 수도 개경과 지방 제도에 대해 관심을 가지고 공부하고 계십니다. 《고려 시기 재정 운영과 조세 제도》《고려 500년 서울 개경의 생활사(공저)》《고려의 황도 개경(공저)》을 쓰셨습니다.

전경숙 선생님은 숙명여자대학교 한국사학과 대학원에서 고려 전기 군사 기구 연구로 박사 학위를 받았습니다. 현재 숙명여자대학교 다문화통합연구소 중세고고학 연구원으로 계십니다. 《한국인의 생활사(공저)》《일상으로 보는 한국 역사(공저)》를 쓰셨습니다.

그림을 그린 문종인 선생님은 《열두 달 환경 달력》《발해를 왜 해동성국이라고 했나요?》《봄나물에는 무엇이 있을까?》 등에 그림을 그렸습니다.

속표지 유물 | 연꽃잎을 돋을무늬로 새긴 청자 주전자. 고려 12세기. 브루클린박물관 소장.

편집 | 김경회, 정현경, 전은희
마케팅 | 박희준
제작관리 | 송정선
디자인 | 한지혜

- 4 고려는 어떤 나라인가요?
- 4 고려의 영토는 어디까지였나요?
- 5 고려를 왜 황제의 나라라고 하나요?
- 6 고려의 도읍 개경은 지금의 어디인가요?
- 7 개경은 어떤 모습이었나요?
- 8 고려는 처음에 왕권을 어떻게 강화했나요?
- 8 고려에서 나라의 중요한 일은 누가 결정했나요?
- 9 고려는 관리를 어떻게 뽑았나요?
- 10 고려의 교통과 통신은 어떻게 이루어졌나요?
- 11 고려는 지방을 어떻게 나누어 다스렸나요?
- 11 고려의 지방 관리는 어떤 사람들이었나요?
- 12 고려에서는 조세를 어떻게 운반했나요?
- 13 고려의 특산품은 어디에서 생산했나요?
- 13 고려에서는 흉년이 들면 어떻게 했나요?
- 14 '코리아'라는 이름은 어떻게 세계에 알려졌나요?
- 14 고려는 어떻게 활발한 국제 무역을 할 수 있었나요?

15 고려는 어떤 물품을 수출하고 수입했나요?

16 고려에는 어떤 종교가 있었나요?

16 유교는 고려에 어떤 영향을 주었나요?

17 풍수지리설을 내세워 도읍을 서경으로 옮기려 한 사람은 누구인가요?

18 태조는 왜 개경에 많은 절을 지었나요?

19 어떤 사람이 승려가 되었나요?

19 승려가 된 왕자도 있나요?

20 고려에서는 승려도 높은 벼슬을 했나요?

21 고려의 절은 부자였나요?

22 고려의 그림에는 어떤 것이 있나요?

23 고려의 그림은 어떻게 발전했나요?

24 고려에서는 어떤 그림이 가장 활발하게 그려졌나요?

25 고려의 그림 중 많이 남아 있는 그림은 무엇인가요?

26~27 고려 불화 속에서 만나는 고려청자

28~31 불화에서 고려의 예술, 문화, 사회를 만나다

32 고려청자는 왜 유명한가요?

33 송나라에서 천하의 명품으로 인정한 고려청자는 어떤 것인가요?

34~35 고려청자는 어디에 사용했나요?

36 고려에서도 역사책이 나왔나요?

36 《삼국사기》와 《삼국유사》는 어떻게 다른가요?

37 고려 사람들도 시를 지었나요?

38 고려에는 어떤 학교가 있었나요?

39 국자감에서는 무엇을 배웠나요?

39 고려에는 사립 학교도 있었나요?

40 다양한 문화를 꽃피운 고려 ❷ 차례

고려는 어떤 나라인가요?

고려는 후고구려와 후백제, 신라는 물론 발해까지 받아들여 한반도에서 처음으로 진정한 통일 국가를 이루었어요. 고려는 나라를 세울 때 도와준 지방 세력을 존중하여 국가의 기반을 넓혔어요. 고려는 아름다운 문화를 남겼을 뿐 아니라 동아시아 무역의 중심지로서 세계에 '코리아'라는 이름을 알렸지요. 그리고 거란, 여진뿐 아니라 칭기즈 칸이 세운 몽골의 침략 속에서도 500여 년의 역사를 지켜 낸 자주적인 나라였습니다.

문화 국가 고려를 상징하는 청자 향로
뚜껑 윗면에 상상의 동물인 구룡이 장식되어 있어요. 향을 피우면 구룡의 입을 통해 퍼지는 구조지요. 이 향로는 다리의 괴수 머리 조각에서 알 수 있듯이 악귀를 누르는 의미가 담긴 빼어난 고려청자예요. 청자 구룡 모양 삼족 향로. 삼성미술관 리움 소장.

고려의 영토는 어디까지였나요?

태조 왕건은 고려를 세우면서 고구려 계승을 내세웠어요. 그래서 고구려의 옛 땅을 되찾기 위해 북진 정책을 추진했지요. 태조는 제일 먼저 사촌 동생인 왕식렴을 보내 고구려의 도읍이었던 평양성을 회복하고 그곳에 제2의 도읍인 서경을 두었어요. 거란(요나라)과의 전쟁 이후 고려의 북쪽 경계선은 서쪽의 압록강 입구에서 동쪽의 함흥까지 이어졌어요.
고려는 북쪽 경계에 천리장성을 쌓아 국방을 튼튼히 했어요.

고려 태조 왕건의 능인 현릉
이 능은 개성시 서쪽 만수산 기슭에 있어요. 943년 6월 태조 왕건이 이곳에 묻혔지요. 무덤 안에는 백호, 청룡, 소나무, 매화나무 그림이 그려져 있어요. ©박종진

고려를 왜 황제의 나라라고 하나요?

고려는 중국과 원만한 외교 관계를 유지하기 위해 국제 관계에서는 왕을 황제라 부르지 않았지만, 나라 안에서는 황제의 나라에 걸맞은 격식을 갖추고 있었어요. 고려의 왕은 스스로를 황제라 불렀고, 황제만이 입을 수 있는 황포를 입었어요. 그리고 도읍인 개경을 황도 또는 황성이라고 했어요. 독자적인 세계를 상징하는 연호를 사용하고, 하늘에 제사를 지내기도 했지요.

인종이 쓰던 청동 도장(오른쪽)과 도장 면(왼쪽)
고려 17대 왕인 인종의 무덤에서 나왔어요. 사자 두 마리가 앞발로 구슬을 받치고 있는 모습의 이 도장은 황제의 권위를 상징하고 있어요. 국립중앙박물관 소장.

황제 관련 문구가 새겨진 선법사 마애약사불
'황제만세원(황제가 만세를 누리길 기원함)'이라는 문구가 있어서 고려 5대 왕인 경종을 황제로 불렀던 것을 알 수 있지요. 경기도 하남시에 있어요.
ⓒ박종진

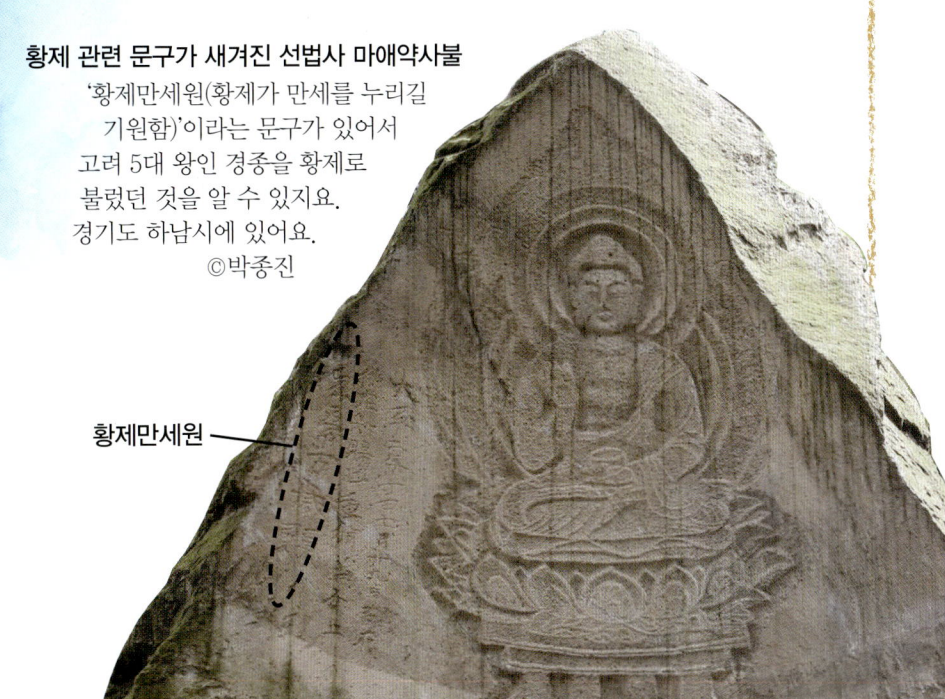

고려의 도읍 개경은 지금의 어디인가요?

개경은 지금의 개성입니다. 고려는 태봉의(후고구려)도읍인 강원도 철원에서 시작되었지만, 왕건은 나라를 세운 바로 다음 해에 지리적으로도 좋고 자신의 선조들이 오래전부터 활동해 온 개경으로 도읍을 옮겼어요. 개경은 송악산을 비롯한 여러 산으로 둘러싸여 외적의 침입을 막기에 좋았어요. 예성강, 임진강, 한강을 끼고 있어 물길을 이용하여 온 나라의 물자를 실어 오기에도 편리했지요. 신라의 도읍 경주가 한반도의 동남쪽에 치우쳐 있던 것과 달리 개경은 국토의 중심에 있어서 나라를 효과적으로 다스리기에 좋았어요.

고려 왕실의 위엄을 보여 주는 용머리 조각상
이 용머리 조각상은 고려 초의 별궁인 수창궁 터에서 발견되었어요. 지금은 개성 성균관 앞뜰에 있어요. ⓒ박종진

고려 왕궁 터에서 발견된 청자 기와
화려했던 고려의 왕궁을 상상하게 하는 유물입니다. 《고려사》 의종 11년 기록에도 "관란정 북쪽에 세운 양이정의 지붕을 청자로 덮었다."라고 쓰여 있어요. 청자 양각 모란 무늬 수막새. 국립중앙박물관 소장.

송악산 아래 자리한 고려 궁터(만월대)
송악산이 있는 개경은 당시 유행하던 풍수지리로 보아도 좋은 땅의 요소를 모두 갖춘 것으로 알려졌어요. ⓒ박종진

만월대에 자리한 회경전 터
고려 궁터인 만월대의 중심에 정전인 회경전이 있었어요. 고려는 송악산 남쪽 기슭에 여러 층의 축대를 쌓고 많은 건물을 지어 궁궐의 위엄을 드러냈어요. 사진에 보이는 것은 회경전 터에 남아 있는 축대와 주춧돌입니다. 고려 궁터에서는 기와를 비롯해서 많은 유물이 출토되었어요. ⓒ박종진

개경은 어떤 모습이었나요?

고려의 모든 길은 개경으로 통했어요. 전국에서 생산되는 모든 물자는 개경으로 들어왔고, 많은 사람이 모여 살면서 갖가지 문화를 창조하고 유행을 만들어 갔어요. 개경은 정치, 경제, 교통, 교육, 문화의 중심지였지요. 왕과 왕실 사람들이 생활하는 궁궐은 송악산의 경사진 산세를 배경으로 하여 웅장하고 위엄이 있었어요. 그러나 고려 궁궐은 공민왕 때 개경이 홍건적에게 점령당하면서 불에 탄 뒤 다시 세우지 못해서 지금은 남아 있지 않아요. 터만 남은 고려 궁터는 모습이 보름달(만월) 같다고 하여 고려 말 조선 초부터 '만월대'라고 불리기 시작했어요.

만월대 터에서 나온 전돌
국립중앙박물관 소장.

만월대 터에서 나온 연꽃무늬 기둥 밑 장식
당시 만월대 건물의 장엄함과 화려함을 짐작하게 해요. 개성 고려박물관 소장.

회경전으로 오르는 돌계단
ⓒ박종진

고려 왕궁의 정전 회경전
회경전은 높이 50미터의 기단 위에 세워졌고, 궁궐 가운데에서도 가장 웅장하고 화려했다고 해요. 정면 9칸, 측면 4칸의 규모로 전면에 4개의 계단을 만들었고, 회경전의 바로 서쪽에는 왕의 침전이, 동쪽에는 세자가 거처하던 좌춘궁이 있었다고 해요.

고려는 처음에 왕권을 어떻게 강화했나요?

호족의 도움을 받아 후삼국을 통일하고 나라를 세운 태조 왕건에게 호족들은 풀어야 할 가장 큰 숙제였어요. 왕건은 각 지방의 호족을 자기편으로 만들기 위해 강력한 호족의 딸들을 부인으로 맞아 가족으로 삼았어요. 그리고 이들을 통해 각 지방을 통치하는 데 도움을 받을 수 있었지요. 그러다 보니 왕건은 왕비가 29명(왕후 6명, 부인 23명)이나 되었어요. 또한 4대 광종은 호족들에 의해 억울하게 노비가 된 사람들에게 양인 신분을 돌려주는 '노비안검법'을 실시하여 왕권을 강화했어요.

● 호족이란 어떤 사람들인가요?
통일 신라 말에 혼란한 중앙 정부를 대신해서 백성을 다스리며 성장한 지방 세력을 호족이라고 해요. 호족은 자기 지방을 중심으로 많은 재산과 개인 병사를 가진 힘 있는 집단이었어요. 왕건처럼 바다에서 무역을 한 상인들, 후백제를 세운 견훤 같은 군인들, 궁예처럼 몰락한 귀족의 후예들, 각 지방의 토착 세력이 호족으로 성장했지요.

고려 초기의 철불
고려 시대에는 호족 세력이 커서 지방마다 개성 있는 모습의 커다란 불상을 만들었어요. 경기도 광주군 동부면 하사창리에서 발견된 이 불상은 우리나라에서 가장 큰 철불입니다. 날카로운 얼굴 인상과 간결한 옷 주름에서 고려 초기 불상의 특징이 나타납니다. 국립중앙박물관 소장.

고려에서 나라의 중요한 일은 누가 결정했나요?

고려는 당나라의 정치 기구인 3성 6부를 받아들여 정치를 했어요. 나라의 중대한 일은 최고 기관인 중서문하성의 고위 관리들과 중추원의 고위 관리들이 모인 회의에서 만장일치제로 결정했어요. 또한 국방이나 군사 문제는 도병마사에서, 법제나 격식에 관련된 일은 식목도감에서 의논했어요.

불화에 그려진 고려 관리의 모습
'복두'라는 모자를 쓰고 공복을 입고 '홀'을 들고 있어요. 일본 보도사에서 소장하고 있는 〈지장십왕도〉부분.

황동으로 돋을새김 무늬를 장식한 가죽 허리띠
이 허리띠는 고려 관리가 관복을 입을 때 허리에 둘렀던 것으로 짐작되어요. 왕건을 도와 후백제의 견훤을 물리친 세 공신의 위패를 모신 사당인 안동 태사묘에 보존되어 온 유물 중 하나입니다.

고려는 관리를 어떻게 뽑았나요?

고려에서 관리가 되려면 과거에 합격해야 했어요.
그러나 과거를 보지 않고도 관리가 되는 '음서 제도'가
있었어요. 이 '음서'를 통해 많은 명문가의 자제들이 과거를
치르지 않고 관료가 되었지요. 고려 중기 대표적인 문벌 귀족인
이자겸도 음서로 관리가 되었고 계속 승진하여 재상이
되었어요. 하지만 음서로 관직에 나간 것이 부끄럽다고 여긴
관리들 중에는 다시 과거를 치른 사람도 있었어요.

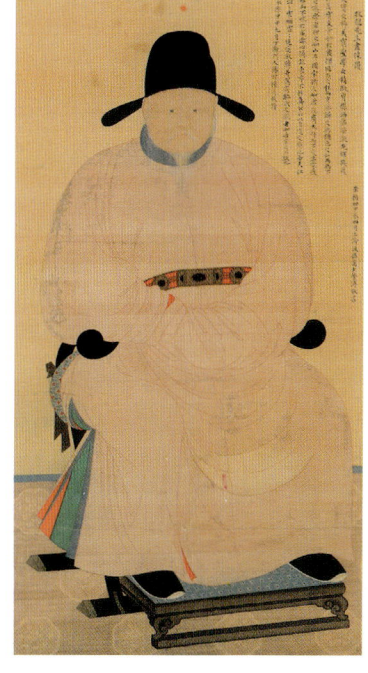

이색의 초상
이색은 고려 왕조에 대한 충절을 지킨
'삼은'의 한 사람이에요. 이색 계열의
사대부는 좌주와 문생의 관계를 통해
정치 세력을 확대했어요.
국립부여박물관 소장.

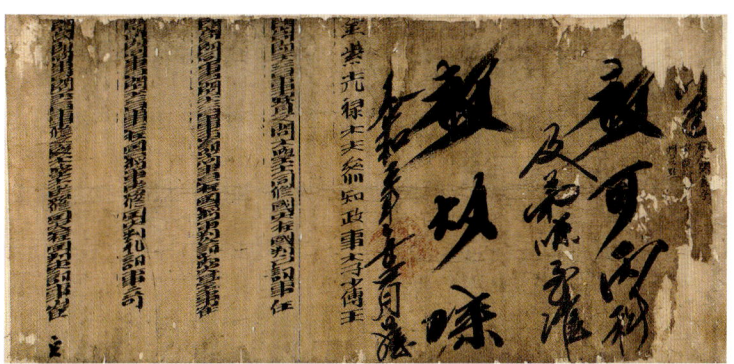

장양수의 과거 합격증
고려 희종 원년(1205)에 진사시에 급제한 장양수가 받은
합격증입니다. 지금까지 전하는 과거 관련 문서 가운데 가장
오래된 것으로, 고려의 과거 제도를 연구하는 데 귀중한 자료가
되고 있어요. 국보 181호. 울진장씨대종회 소장.

과거 시험 후에도 이어진 좌주 문생 관계
고려에서는 과거 시험 문제를 출제한 사람을 '좌주', 그 과거 시험에
합격한 사람을 '문생'이라고 했어요. 이 좌주와 문생 관계는 시험 후까지
이어져 문생은 좌주를 평생 스승으로 모셨지요. 이렇게 사회에
나와서도 그들만의 세력을 만드는 등 사회 문제가 되기도 했어요.

● **과거 제도는 언제부터 있었나요?**
시험을 통해 관리를 뽑는 제도인 과거는
고려 4대 광종 때 처음 시작되었어요.
광종은 새로운 인재를 등용하여 왕권을
강화하기 위해 과거제를 실시했지요. 고려의
과거에는 당시에 가장 중요하게 생각했던
문학적 재능을 시험하는 '제술업'과 유교
경전에 대한 지식을 시험하는 '명경업'
그리고 법률, 수학, 의학, 점복 같은 실용
기술을 가늠하는 '잡업'이 있었어요.

● **음서 제도란 무엇인가요?**
음서 제도는 왕족이나 나라에 공을 세운 사람, 5품 이상 고위
관료의 자손에게 관직을 주는 특혜 제도였어요.

고려의 교통과 통신은 어떻게 이루어졌나요?

개경이 고려의 도읍이 되면서 경주 중심으로 나 있던 길이 개경을 중심으로 다시 짜였어요. 고려는 전국에 525개의 역을 두고, 각 역을 22개의 길로 묶어 개경과 전국 각 지방을 연결했어요. 중앙 정부가 지방에 보내는 문서는 보통 가죽 주머니에 넣어 역졸이 릴레이를 하는 식으로 역에서 역으로 전송했어요. 중앙 관리가 지방에 사신으로 나갈 때에는 그 지위에 따라 최고 10필의 말을 주어 편의를 제공했지요.

개경을 중심으로 한 22개의 길
고려는 개경을 중심으로 전국을 22개의 길로 짜 놓았어요. 그 가운데 8개는 수도인 개경 북쪽에 있고, 나머지 14개는 그 남쪽에 있었는데, 이를 통해 전국 각 지방이 개경과 교류했어요.

고려 시대부터 있었던 하늘재
경상도 문경과 충청도 충주를 잇는 백두대간의 고갯길입니다. 고려 시대에는 서쪽의 새재(조령)보다 하늘재를 주로 이용했어요. 이곳을 왕래하는 사람들은 하늘재 북쪽의 미륵사에서 묵어가기도 했지요. ⓒ박종진

고려 시대에 숙박 시설이 있던 파주 혜음원 터
혜음원은 개경과 남경(지금의 서울) 사이를 오가는 사람들의 편의를 위해 만든 시설이었어요. 이곳에는 왕이 머물 수 있는 시설도 마련되었어요.
ⓒ박종진

고려는 지방을 어떻게 나누어 다스렸나요?

고려는 전국을 5도와 양계로 나누어 다스렸어요. 남쪽에는 양광도, 경상도, 전라도, 서해도, 교주도의 5도를, 북쪽과 동쪽에는 북계, 동계의 양계를 두었는데, 양계는 국방을 위한 특수 지역이었어요. 경상도와 전라도는 고려 시대부터 부르던 이름이지요. 경상도는 경주와 상주의 첫 자를 따서, 전라도는 전주와 나주의 첫 자를 따서 만들었지요. 각 도의 경계는 산줄기, 물줄기 같은 지형을 바탕으로 정했어요.

급한 문서는 가죽 주머니에 3개의 방울을 달아 표시하고 하루에 6개의 역을 지나도록 규정하여 빨리 전달하게 했어요.

고려의 지방 관리는 어떤 사람들이었나요?

고려는 나라를 세울 때부터 호족을 통합해야 하는 과제를 안고 있었어요. 그래서 전국에 많은 군현(고을)을 두고, 고을 단위로 중앙에서 관리를 보내 지방 사회를 안정시켰어요. 고려에는 500여 개의 크고 작은 고을이 있었는데, 각 고을에는 지방을 다스리는 향리들이 고을 일을 맡아 하는 '읍사'라는 관청이 있었어요. 즉, 군현의 일은 중앙에서 온 관리와 읍사의 향리가 서로 협력하여 했지요. 그러나 모든 고을에 관리를 보내지는 않았는데, 그 이유는 각 고을의 자율성을 인정했기 때문이에요.

지방 유력자의 도장
지방 행정을 담당한 향리층이 편지나 물품을 봉할 때 썼을 것으로 보입니다. 중국과 가까운 안산시 대부도의 무덤에서 출토되었어요. 한양대학교박물관 소장.

강릉 객사문
고려 시대부터 있었던 강릉 객사(임영관)의 문입니다. 고려~조선 시대 지방 고을의 주요 시설인 객사는 임금을 상징하는 건물이기도 하지요. 강릉시 용강동에 있어요.
국보 51호. ⓒ박종진

고려에서는 조세를 어떻게 운반했나요?

고려는 바다와 강에 뱃길을 만들어 육지의 길로 연결했어요. 육지의 교통망뿐 아니라 물길도 만든 것이지요. 이런 길을 이용해 전국에서 조세로 거둔 물품을 개경으로 운반했어요. 배는 한 번에 많은 곡식을 운반할 수 있어 시간과 경비가 적게 들었어요. 바로 고려의 해양 기술이 발달했기 때문에 가능했 지요.

고려 시대에 조세를 운반하던 뱃길

완도선의 복원 모형
국립해양문화재연구소 소장.

● **고려의 배는 어떻게 생겼나요?**

고려의 배는 남아 있지 않아서 확실한 모습을 알 수 없어요. 침몰되었던 고려 배의 일부를 통해 대강의 모습을 짐작할 뿐이지요. 가까운 바다와 강을 운항하던 조그만 배는 대체로 바닥을 평평하게 만들어 속도는 느리지만 물건을 많이 실을 수 있게 했어요. 반면에 해외 무역에 사용한 배는 바닥을 뾰족하게 만들어 거친 파도를 빠르게 헤쳐 나갈 수 있게 만들었지요.

마도 2호선에서 출토된 솥
다리가 3개 달린 쇠솥으로, 뱃사람들이 배 위에서 생활할 때 사용하던 것으로 보여요. ⓒ박종진

마도 앞바다에서 발굴된 고려청자
강진에서 만든 것으로 보이는 이 청자는 모란꽃 무늬 표주박 모양 주전자, 대접 모양의 승반, 투각으로 만든 받침대가 세트로 출토되어 주목을 받았어요.
국립해양문화재연구소 소장.

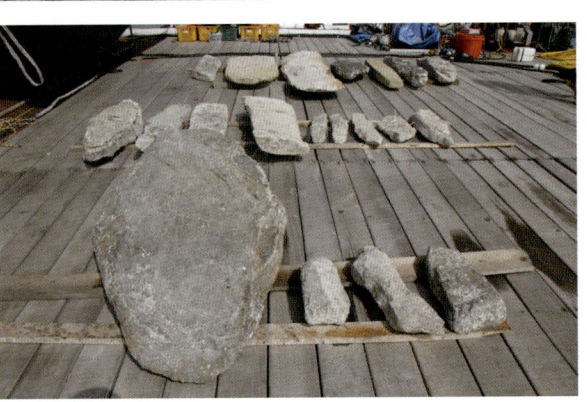

마도 앞바다에서 발굴한 닻돌
2009년부터 2011년까지 충남 태안군 마도 앞바다에서 길이가 10미터 정도 되는 고려 배를 발굴했어요. 이 배들을 마도선이라고 부르고 있어요. 마도선에서는 고려 역사를 생생히 전해 주는 유물이 많이 발굴되었어요. 이 닻돌들은 배가 정박할 때 닻으로 쓰였던 돌이에요. ⓒ박종진

고려의 특산품은 어디에서 생산했나요?

고려 시대에는 '소'라는 특수 지역에서 나라에서 필요로 하는 여러 가지 물품을 생산했어요. 이곳 사람들은 자기 지역의 특산품인 도자기, 먹, 종이, 숯, 기와 같은 각종 수공업 제품을 만들어 나라에 바쳤어요. 완도 앞바다에서 건져 올린 도자기는 해남의 도자 '소'에서, 중국에까지 명성이 자자했던 고려의 먹은 공암촌이라는 '소'에서 만든 것이었어요.

게 젓갈이 든 항아리
항해 중 침몰한 마도 1호선에서 나온 항아리인데, 게 젓갈이 담겨 있었어요. 전라도의 특산물을 개경에 보내던 것으로 짐작되고 있어요. 국립해양문화재연구소 소장.

'단산오옥'이라는 글자가 새겨진 먹
'단산오옥'은 '단양의 까만 먹'이라는 뜻이에요. 단양은 좋은 먹을 생산하기로 유명한 곳이었어요. 가장 좋은 먹을 '단산오옥'이라 했다는 《신증동국여지승람》의 기록을 통해 알 수 있지요. 국립청주박물관 소장.

마도 1호선에서 나온 죽간
물건을 보내는 사람과 받는 사람, 물건의 종류와 수량이 기록되어 있어요. 국립해양문화재연구소 소장.

고려에서는 흉년이 들면 어떻게 했나요?

고려에는 '의창'이 있었어요. 의창은 어려운 때를 대비해 나라에서 곡식을 쌓아 두는 창고였지요. 가뭄이나 물난리 같은 자연재해로 흉년이 들거나 전쟁으로 농사를 짓지 못해 살림살이가 어려워지면 나라에서 의창을 열어 음식을 나누어 주거나 이자 없이 곡식을 빌려주었어요. 백성들은 이 곡식을 식량과 농사지을 씨앗으로 사용했어요.

● **향, 소, 부곡**
향, 소, 부곡은 고려의 특수 행정 구역으로 향, 부곡의 주민은 농업에 종사했고, 소의 주민은 수공업에 종사했어요. 이곳 사람들은 일반 백성들이 내는 세금도 내면서 별도로 할당된 일도 해야 했어요. 지금까지 사료에서 확인된 고려의 '소'는 275곳인데 이런 지역은 특산품의 재료가 생산되는 곳이나 바닷길을 이용해 생산물을 개경까지 쉽게 운반할 수 있는 지역에 자리 잡고 있었어요.

'코리아'라는 이름은 어떻게 세계에 알려졌나요?

국제 무역이 활발했던 고려에는 송나라, 요나라(거란), 금나라(여진), 일본 같은 아시아 나라뿐 아니라 아라비아 상인까지 북적였어요. 그래서 벽란도에는 외국 상인들이 머무는 전용 숙소도 마련되어 있었어요. 벽란도에서 개경에 이르는 도로는 많은 물품을 거래하려는 상인들이 줄을 이었지요. 이때 아라비아 상인들에 의해 고려를 서양식으로 부른 '코리아'라는 이름이 세계에 알려졌어요.

* 우리나라의 영문 이름 'Korea'는 '코리아(Corea)'에서 유래하였어요. 훗날 일제 강점기 때 일본이 우리나라의 국호를 말살하는 과정에서 'Japan'의 J보다 뒤에 나오게 하려고 첫 글자 C를 K로 바꾸었다는 설이 유력해요.

괘릉 인물상
신라 38대 원성왕의 무덤으로 추정되는 괘릉에는 특이하게 서역 사람의 모습을 한 석상이 있습니다. 페르시아 사람으로 추측하기도 하는데, 신라 시대부터 중국 서쪽의 서역 나라들과 교류했음을 알 수 있어요. ⓒ박종진

'황비창천' 글자와 항해 그림이 새겨진 청동 거울
파도를 헤치고 항해하는 배의 윗부분에 '밝게 빛나는 아름다운 하늘'이라는 뜻의 '황비창천(皇丕昌天)'이라는 글자가 새겨져 있어요. 배의 앞뒤로 여러 사람이 타고 있네요. 돛대 끝에 매단 깃발이 옆으로 길게 나부끼는 그림을 통해 험난한 파도를 힘차게 헤쳐 나가는 고려 상인들의 모습을 그려 볼 수 있어요. 국립중앙박물관 소장.

고려는 어떻게 활발한 국제 무역을 할 수 있었나요?

벽란도는 개경의 서쪽을 흐르는 예성강 어귀에 있는 항구(나루)예요. 태조가 개경을 도읍으로 정하면서 자연스럽게 개경을 드나드는 길목이 되었지요. 벽란도에는 가까운 곳에서 고기잡이하는 고깃배와 어부뿐 아니라 외국의 장삿배와 상인들도 모여들었어요. 벽란도는 외국 사신을 맞아들였던 벽란정이라는 관청을 비롯해서 항구 시설, 군사 시설, 감로사라는 절, 상업 시설이 갖추어지면서 고려 최고의 무역항이 되었어요.

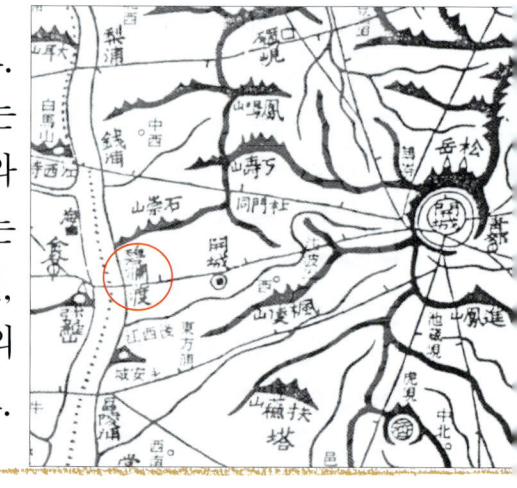

〈대동여지도〉에서 보는 벽란도의 위치
예성강 어귀에 있는 벽란도는 개경으로 들어오는 관문이자 국제 무역항이었지요. 조선 후기 지도인 〈대동여지도〉의 부분.

고려는 어떤 물품을 수출하고 수입했나요?

고려는 벽란도에 가장 많이 드나들던 송나라 상인에게서 비단, 차, 약재, 책, 향료, 과일, 물소, 상아, 보석 등을 사들였어요. 재상 집에서 길렀던 공작새나 앵무새도 송나라 상인이 가져왔어요. 송나라 상인이 고려에서 사 간 것은 삼베, 인삼, 모시, 종이, 먹, 잣, 연적, 자수정, 부채, 나전칠기였어요. 특히 고려의 종이는 매우 질긴 데다 백옥같이 희고 윤이 나 최상품으로 인정받았어요. 송나라 사람들이 좋은 종이를 평할 때 "고려 종이 같다."고 할 정도였지요.

고려 시대의 바닷길
송나라 사신 서긍은 《고려도경》에서 1123년 자신들이 송나라에서 고려로 온 바닷길을 기록했어요. 서긍 일행이 고려에 오기 이전인 11세기 후반까지는 주로 중국 산둥 반도의 덩저우 쪽에서 출발하여 개경으로 오는 북쪽 바닷길을 이용했어요. 서긍 일행은 중국 양쯔 강 하구의 밍저우를 출발하는 남쪽 길을 이용했는데 7~8월에 부는 서남 계절풍과 11월에 부는 북서 계절풍이 항해를 쉽게 해 주었다고 해요.

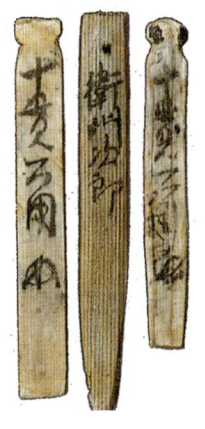

신안 침몰선에서 발견된 목간
짐을 받을 사람, 짐의 내용과 수량을 적은 물표입니다. 목간을 통해 1323년 4월 하순에 배가 원나라 경원에서 일본으로 운항한 것을 알 수 있어요. 국립중앙박물관 소장.

신안 침몰선에서 발견된 고려청자
신안선은 중국 원나라에서 일본으로 가던 배였어요. 이 배에서는 중국 청자뿐 아니라 고려청자도 발굴되었어요. 이 청자들은 원나라에서 구입하여 배에 실었거나, 항해 도중 고려에 내려 구입하였던 것으로 보입니다. 고려청자도 송나라의 도자기와 함께 일본에 많이 수출되었음을 알 수 있지요. 국립중앙박물관 소장.

중국에 수출한 '고려국조'명 동경
거울 뒷면에 당초무늬와 함께 고려에서 만들었다는 뜻의 '고려국조'라는 글이 새겨져 있어 고려에서 만든 거울임을 알 수 있어요. 이 거울은 중국 사신들이 주문해서 만들었다고 해요. 국립중앙박물관 소장.

고려에는 어떤 종교가 있었나요?

고려에서 불교는 나라의 종교였어요. 왕부터 농민과 노비에 이르기까지 모두 부처를 믿음의 기둥으로 삼았지요. 그러나 고려에는 유교와 도교, 풍수지리 같은 다양한 민간 신앙도 있었어요. 특히 유교의 원리는 고려가 국가 체제를 갖추는 근본이 되었어요.

도교의 신선 모습을 표현한 청자 인형 주전자
이 청자 주전자는 신선이 구름 모양의 깔개 위에 앉아 불로장생의 복숭아가 담긴 쟁반을 받쳐 든 모습을 하고 있어요. 등 쪽에 손잡이가 있고, 머리에 쓴 보관 안에 물을 붓는 곳이, 앞으로 조금 튀어나온 곳에 물을 따르는 구멍이 있어요. 국립중앙박물관 소장.

유교는 고려에 어떤 영향을 주었나요?

고려 사회는 신분을 엄격하게 구분하는 유교 원리에 따라 발전했어요. 고려 6대 왕인 성종 때에 재상이었던 최승로는 불교의 폐단을 지적하고 정치, 사회, 문화 전반에 대한 개혁안을 내놓았어요. 이 개혁안을 '시무 28조'라고 하는데, 몸과 마음을 닦는 데는 불교를 의지하고, 나라를 다스리는 데는 유교를 이념으로 삼자는 내용이었어요. 이 개혁안에 따라 고려 사회에 유교가 널리 퍼지고 각 지방에 학교가 세워졌어요.

이제현 초상
이제현은 충선왕과 함께 유학의 한 갈래인 성리학의 발상지 양쯔강 남쪽을 여행하고 돌아와 이색에게 성리학을 전수했어요. 또한 이색과 함께 성리학을 고려 사회 개혁의 이념으로 자리 잡게 했어요. 14세기 원나라 진감여의 그림. 국립중앙박물관 소장.

● **불교의 폐단을 비판한 시무 28조**
'시무 28조'는 고려 왕조의 기초를 다지는 데 큰 역할을 한 재상 최승로가 성종에게 내놓은 개혁안입니다. 불교를 비판하는 내용도 있는데, 교리에 대한 것이 아니라 절에 재물을 지나치게 바치는 것, 승려가 자유로이 궁궐에 출입하여 왕의 총애를 받는 것, 왕실의 지나친 불교 숭배, 부처에게 바친 돈과 곡식을 고리대금업으로 이용하는 것, 승려들의 행패, 금이나 은으로 불상을 만드는 것 등 불교의 사회적 폐단을 비판하는 내용이었어요.

풍수지리설을 내세워 도읍을 서경으로 옮기려 한 사람은 누구인가요?

17대 인종이 어린 나이에 즉위하자 고려는 정치가 혼란해지고 민심이 흔들렸어요. 풍수지리 사상을 가졌던 승려 묘청은 개경의 문벌 귀족 세력에 맞서려면 땅의 기운이 좋은 서경으로 도읍을 옮겨야 한다고 왕을 설득했지요. 그러나 권력을 가진 개경의 문벌 귀족들이 강하게 반발하자 묘청은 나라 이름을 '대위국', 연호를 '천개'라고 하며 서경을 기반으로 반란을 일으켰어요. '묘청의 서경 천도 운동'이라고 하는 이 반란은 1년 넘게 계속되었어요. 그러나 관군들의 총공격으로 반란은 실패했어요.

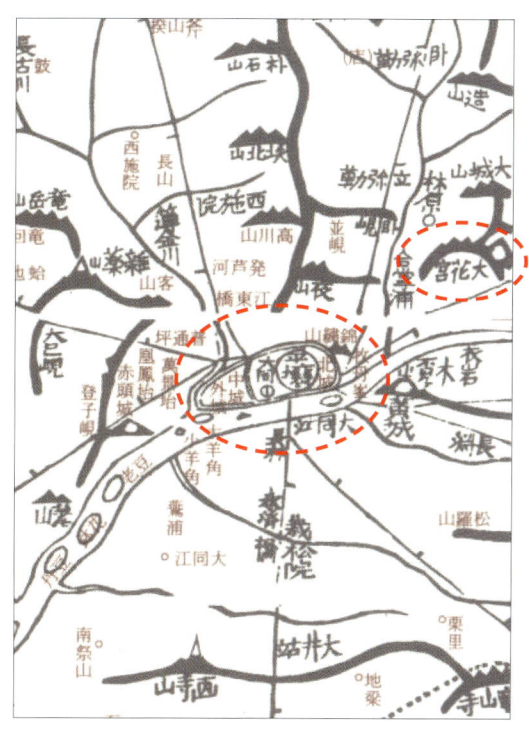

〈대동여지도〉에 표시된 대화궁 터
조선 후기 지도인 대동여지도에는 평양 동북쪽에 대화궁 터가 표시되어 있어요.

대화궁 터
1126년 이자겸의 난으로 궁궐이 거의 불타고 왕권이 약해지자 고려 17대 인종은 서경 천도를 주장한 묘청의 건의를 받아들여 평양 동북쪽에 대화궁을 지었어요.

● 묘청의 서경 천도 운동

묘청은 땅의 기운이 다한 개경을 버리고 서경으로 도읍을 옮겨야 한다고 주장했어요. 당시 고려 사회에는 신라 말에 들어온 풍수지리설이 크게 성행하고 있어서 묘청의 주장은 큰 호소력을 얻었지요. 서경 출신의 문신 정지상도 백수한과 더불어 묘청의 주장을 거들었어요. 묘청은 곧 인종의 총애와 함께 많은 사람의 지지를 받게 되었고, 인종의 서경 나들이가 잦아지면서 서경 천도는 곧 실현될 듯이 보였어요. 인종은 그의 건의에 따라 서경의 명당인 임원역에 대화궁을 짓게 하지요. 그러나 서경 천도 계획을 반대하는 세력도 많았어요. 대화궁을 지으면 천하를 통일할 수 있다는 등 묘청이 주장했던 일들이 준공 뒤에도 전혀 일어나지 않은 데다 대화궁 근처 30여 곳에 벼락이 치고, 인종은 서경 나들이 도중 갑자기 폭풍을 만나기도 했어요. 이에 묘청 일파를 배척하는 소리가 높아져 마침내 인종은 서경 천도 계획을 거두었지요.

태조는 왜 개경에 많은 절을 지었나요?

태조는 919년에 도읍으로 정한 개경에 10개의 큰 절을 세웠어요. 이어 흥국사, 귀산사, 안화사, 개국사 같은 큰 절들을 세워 부처의 도움으로 고려가 영원하기를 빌었어요. 불교는 종교의 기능만 한 것이 아니었어요. 정치, 경제, 사회, 문화 여러 방면에서 아주 중요한 일을 했지요. 절에서는 불교 행사만 아니라 나라의 여러 행사가 열리기도 했어요.

담무갈보살을 향해 엎드려 절하는 고려 태조
〈담무갈·지장보살현신도〉 부분.

〈담무갈·지장보살현신도〉
고려 태조 왕건이 금강산에 갔다가 담무갈보살을 만나고 돌아와 정양사를 세웠다는 설화에 바탕을 둔 그림입니다. 담무갈보살은 금강산에 머물면서 금강경을 설법한다고 알려진 보살이에요. 이 뾰족뾰족한 산들은 금강산을 압축해서 그린 실경산수라고 합니다. 지금까지 알려진 가장 오래된 금강산 그림이지요. 1307년. 노영 그림. 국립중앙박물관 소장.

개국사 석등
개국사는 고려 태조 때 세운 사찰 중 하나였는데, 개경 동남쪽에 있었어요.
개국사 석등은 상대석 위에 네 기둥을 세우고 그 위에 옥개석을 얹고 꼭대기에 둥근 보주를 설치한 고려 석등의 걸작으로 평가받고 있어요. ©박종진

어떤 사람이 승려가 되었나요?

고려에서는 누구나 승려가 될 수 있었어요. 문벌 가문이나 왕족 가운데에도 승려 지망생이 많았다고 해요. 고려에서는 아들이 셋이면 그중 하나는 승려가 되게 하는 가정이 대부분이었다고 합니다. 그러나 승려가 되려면 신분에 따라 차이는 있었겠지만 어려서부터 절에 들어가 많은 수련을 쌓아야 했어요. 고행이 끝나면 스승을 정하고 그 스승의 가르침을 받은 후에야 독립된 승려로 인정받았다고 해요.

중국에 수출할 정도로 뛰어났던 고려의 사경 기술
불교 경전을 베껴 쓰고 삽화를 그려 넣은 것을 '사경변상도'라고 합니다. 이 사경변상도는 감색 종이에 은으로 법화경(묘법연화경)을 베껴 쓰고 금으로 탑을 그려 넣었어요. 원나라에 수출할 정도로 뛰어났던 고려의 사경 기술을 보여 주는 작품입니다. 목판으로 많은 불경을 찍게 되면서 '사경'은 공덕을 쌓는 과정으로 인식되어 점점 화려해졌어요. 묘법연화경 권7에 그려진 9층탑. 일본 과도보효회 소장.

대각국사 의천의 초상
전남 순천 선암사 소장.

● **고려 불교와 의천**
대각국사 의천은 31세 때 14개월 동안 중국의 송나라에 머물면서 방대한 불교 관련 자료를 수집했고, 돌아온 후에도 불교 교류에 힘을 기울였어요. 의천은 송나라 혜인선원이라는 절을 다시 지을 때 수리비로 쓸 재물과 금으로 쓴 불경을 보내 주었는데, 그 후 이 절을 '고려사'라고 불렀다고 해요. 또 흥왕사에 교장도감을 설치하고 송나라, 요나라, 일본에서 수집한 불교 서적을 참고하여 대장경을 간행하기도 했어요.

승려가 된 왕자도 있나요?

대각국사 의천은 고려 11대 문종의 넷째 아들이었어요. 권세와 영화를 누릴 수 있었던 왕자 의천이 승려가 된 것이지요. 의천은 부처의 도움으로 고려가 영원하기를 바랐던 왕실의 뜻에 따라 열한 살의 어린 나이에 승려가 되었어요. 고려를 지켜 줄 불법을 수호하기 위해 문종은 의천을 승려로 출가시킨 것이지요. 의천은 승려가 된 지 2년 만인 열세 살 때 교종에서 가장 높은 승려인 승통이 되었고, 47세로 입적할 즈음 승려 최고의 지위인 국사에 올랐어요. 의천 말고도 승려가 된 고려 왕자는 많이 있어요.

고려에서는 승려도 높은 벼슬을 했나요?

고려에서 승려는 높은 지위를 누릴 만큼 지배층으로 살았어요. 정식 승려가 되려면 승려들이 응시하는 과거 제도인 '승과'에 합격해서 인정을 받아야 했지요. 정식 승려가 되면 다른 관리와 마찬가지로 공무원이 되어 직급을 받고 차례로 승진을 했어요. 승려로서 제일 높은 자리인 국사, 왕사에 오르는 것이 승려에게는 최고의 영예였지요.

석장의 머리 장식(금동 육환 석장)
승려들이 들고 다니던 지팡이를 석장이라고 해요. 석장에는 보통 고리가 6개 달려 있어서 '육환장'이라고도 합니다. 이 석장 머리 장식은 고려 말의 나옹화상이 쓰던 것으로 연꽃 대 위에 앉은 불상의 광배 뒤쪽으로 화염 무늬가 정교하게 표현되었어요. 손잡이 부분은 4단으로 대나무 마디 모양을 조각했고 막대기에 끼우기 좋게 아래로 차츰 벌어져 있어요. 묘향산 보현사 소장.

● **왕사와 국사는 어떻게 다른가요?**
왕사는 왕의 스승이지요. 고려 태조는 불교가 왕성해지기를 바라면서 왕사 제도를 두었어요. 왕에게 불교의 가르침을 전하고, 불교를 믿는 많은 백성을 정신적으로 지도하는 위치에 있는 고승을 왕의 스승으로 임명함으로써 불교를 숭상하는 정책을 실현하려 한 거예요. 국사는 신라 때부터 있던 제도로 국가나 임금의 모범이 되는 고승에게 내리는 칭호였어요. 고려의 국사는 왕사보다 높은 최고의 직책으로 아주 큰 영예였어요.

석장을 짚고 나들이를 나선 국사의 모습

은실로 화려하게 무늬를 넣은 청동 향로
절의 부처님 앞 제단에 놓고 향을 피웠던 향로입니다. 국립중앙박물관 소장.

부처를 기쁘게 하는 방울
불교 의식에서 부처님을 기쁘게 하고 중생의 잠자는 믿음을 깨우기 위해 흔드는 방울입니다. 국립진주박물관 소장.

고려의 절은 부자였나요?

고려의 큰 절은 땅과 노비를 가진 큰 부자였어요. 왕실이나 귀족, 지방 세력들이 신앙심을 표현하기 위해 절에 땅을 바쳤고, 절이 직접 사들이거나 개간하기도 하고 때로는 절의 권위를 이용하여 남의 땅을 강제로 빼앗기도 했어요. 절은 농산물이나 생활필수품을 생산하고 유통하는 경제 활동의 중심이기도 했어요. 절은 이렇게 벌어들인 큰 재산을 이용해 이자를 받고 곡식을 빌려주는 고리대 사업도 했지요. 이 때문에 농민들은 경제적으로 절에 예속되어 살아가게 되었지요.

절의 땅이라는 표지판인 장생표
이 돌은 경남 양산에 있는 통도사의 장생표입니다. 절은 '장생표'라는 표지 돌을 세워 절이 소유한 넓은 땅을 관리했어요. 통도사는 장생표를 12개나 세울 만큼 넓은 땅을 가지고 있었어요.
ⓒ박종진

임금의 만수무강을 빌며 향리들이 절에 시주한 쇠북
북의 옆면에 임금이 만수무강하고 나라가 태평하기를 비는 글이 새겨져 있어요.
국립청주박물관 소장.

쇠북에 새겨진 발원문

한 번에 1천 명분의 밥을 지었다는 커다란 무쇠 솥
충남 논산에 있는 개태사는 왕건이 후백제의 항복을 받아내고 삼국을 통일한 후 이를 기념하여 지은 절이에요. 이 절에 커다란 무쇠 솥이 있는데, 이 절이 번창했던 시절에 머물렀던 사람들이 얼마나 많았는지를 짐작할 수 있지요. ⓒ홍영의

고려의 그림에는 어떤 것이 있나요?

지금 남아 있는 고려 시대의 그림은 크게 산수화, 인물화, 불교 회화로 나누어 볼 수 있어요. 또한 작품이 남아 있지는 않지만 고려의 문인 화가들과 승려 화가들 사이에 묵죽화가 크게 유행하여 대나무를 그렸다는 기록이 있어요.

공민왕의 〈천산대렵도〉 부분
비단에 채색한 그림으로 백산 또는 설산이라고 하는 천산에서 사냥하는 장면을 그린 작품입니다. 옆으로 길게 그린 두루마리 그림으로, 사냥감을 향하여 말을 몰아 달리는 사람을 주제로 하고 있어요. 힘차게 달리는 말과 사람을 생동감 있게 잘 표현하고 있어요.
국립중앙박물관 소장.

목판화 〈어제비장전〉
초조대장경에 수록된 판화로 고려 산수화 가운데 가장 오래된 그림입니다. 웅장한 자연과 대조적으로 인물은 작게 표현하고 있어요. 가까운 곳의 산이 압도하듯이 서 있고, 뒤의 산들이 점점 멀어지면서 작아지는 모습에서 고려 산수화가 발전하는 과정을 엿볼 수 있다고 해요.
성암고서박물관 소장.

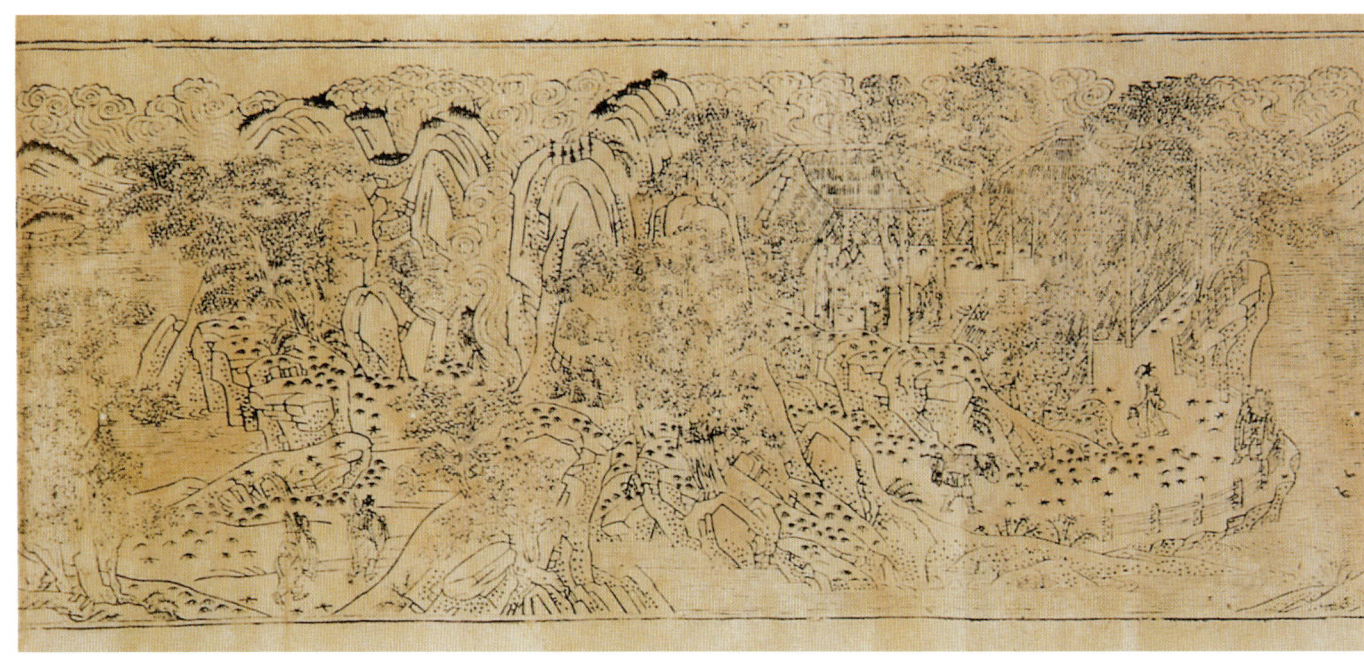

이제현의 〈기마도강도〉
한겨울 눈 내린 산하를 배경으로 말을 탄 다섯 명이 얼어붙은 강을 건너는 모습을 그린 작품입니다. 확 트인 공간의 구성과 짜임새 있는 구도, 앙상한 가지에 눈 덮인 나무의 모습은 고려 말에서 조선 초기의 그림에서 볼 수 있는 주제라고 하는군요.
국립중앙박물관 소장.

고려의 그림은 어떻게 발전했나요?

고려에서는 그림 그리는 일을 관장하기 위해 도화원을 설치하여 화가들을 양성했어요. 화가로는 〈예성강도〉를 그린 이령, 이령의 아들로 〈소상팔경도〉를 그린 이광, 〈천산대렵도〉를 그린 공민왕, 불화를 그린 혜허가 유명했어요. 지금까지 전하는 고려의 그림으로는 〈천산대렵도〉, 이제현 초상화, 안향 초상화, 그리고 일본에 많이 남아 있는 불화가 있어요.

고려에서는 어떤 그림이 가장 활발하게 그려졌나요?

고려에서는 초상화를 비롯한 다양한 인물화가 활발하게 그려졌어요. 특히 초상화는 이 시대에 전성기를 이루었어요. 왕과 왕비는 물론 귀족들의 초상화가 수없이 그려졌다고 해요. 초상화는 기록을 목적으로 그리기도 했지만 제사 때 위패로 사용하면서 일반 백성들 사이에서도 유행했어요. 초상화는 대부분 화가들이 그렸지만 공민왕 같은 사람은 신하들의 초상화는 물론 자화상도 그렸다고 합니다.

고려의 대표적 초상화인 안향 초상
뚜렷한 눈매와 가느다란 눈썹, 아담한 코, 단아한 입, 잘 다듬어진 수염이 학자다운 모습을 진솔하게 나타내고 있어요. 현재 남아 있는 고려의 대표적인 초상화로 얼굴에 연한 붉은색을 더하여 피부색을 표현한 점도 눈여겨볼 부분이지요. 화가가 누구인지 알려져 있지 않지만 우리나라에 성리학을 전한 학자 안향의 풍모가 잘 드러나 있어요. 국립중앙박물관 소장.

인물화로 높은 수준을 보여 주는 고분 벽화 십이지신상
황해북도 개풍군에 있는 수락암동 제1호분에 그려진 고려 시대 고분 벽화입니다. 관복을 입고 관모를 쓴 고려 관료의 모습인데 눈매가 날카롭고 생기가 돌아 이 시대 인물화의 높은 수준을 보여 줍니다.

고려의 그림 중 많이 남아 있는 그림은 무엇인가요?

고려의 그림 가운데 불교 관련 그림은 우리나라 역사상 가장 높은 수준으로 발전했어요. 현재 가장 많이 남아 있는 고려 그림도 불화나 변상도 같은 불교 관련 그림이지요. 변상도는 불교 경전의 내용이나 가르침을 쉽게 상징적으로 표현한 그림이에요. 불화는 사찰의 안벽이나 바깥벽에 벽화의 양식으로 그리거나 법당에 걸 수 있게 제작되었어요. 이러한 불화를 통해 고려 사람들의 불교에 대한 생각도 알 수 있지요.

〈아미타여래도〉
현재 전해지는 고려 불화 가운데 가장 오래된 불화로 1286년에 그려졌어요. 이 그림 속의 아미타여래는 서방 극락에 머물면서, 중생이 죽은 뒤에 극락에서 다시 태어나도록 이끄는 부처입니다. 발 주변의 아름다운 연꽃들이 어울려 화려하고 정교한 고려 불화의 특징을 잘 드러내고 있어요. 그려진 시기가 분명한 이 그림은 고려 불화의 변천 과정을 보여 주는 중요한 작품입니다.
일본 일본은행 소장.

〈수월관음도〉
물방울 모양의 커다란 광배 속에 자비로 중생을 구제하는 관음보살이 그려져 있고, 왼쪽 아래에는 관음보살을 올려다보며 합장한 선재동자가 있어요. 붉은색과 군청색으로 채색이 단순한데 금물과 흰색 선을 효과적으로 사용하여 생동감을 느끼게 하는 그림이지요. 그림 아래쪽에 있는 '혜허필'이라는 명문을 통해 고려 시대 혜허 스님의 작품임을 알 수 있어요. 수월관음 그림 중에도 서 있는 관음을 그렸다는 점에서 주목을 받고 있어요. 일본 천초사 소장.

불화에서 고려의 예술, 문화, 사회를 만나다

불화는 일반 그림에 비해 소재나 형식이 자유롭지 못하지만, 옷의 질감이나 문양의 묘사는 놀라울 정도로 섬세합니다. 그래서 중국이나 일본에서도 고려 불화의 아름다움을 극찬하고 있지요.
고려 시대의 고운 비단은 지금 남아 있지 않지만, 불화를 보면 당시에 그렇게 투명하고 얇은 비단이 불화를 그린 화가들의 주변에 있었다는 것을 알 수 있어요.
고려는 처음부터 나라를 지켜 주는 국교로 불교를 장려하여 불교와 관련된 훌륭한 미술품을 많이 남겼어요. 특히 불화는 여러 가지 목적에 따라 많이 그려져 지금까지 확인된 불화가 130여 점이나 된다고 해요.
우리는 고려 불화를 통해 고려 시대의 종교와 사회, 문화를 짐작할 수 있어요. 고려 불화는 화법이나 예술성에서 일본이나 중국 같은 아시아의 불교 회화에서는 찾아볼 수 없는 고려만의 독자성을 가지고 있어요. 그림의 양식에서뿐만 아니라 다른 분야의 미술과 비교해도 화질이나 품격이 뒤지지 않는 아름다움을 가지고 있지요. 수백 년이 지난 지금도 생생한 모습을 유지하고 있는 고려 불화의 색채는 안료의 혼합을 피해 선명함을 극대화한 결과라고 해요.
불화에는 서방 극락에 사는 아미타여래, 자비로 중생을 구제하는 관음보살, 지옥을 비롯한 여섯 가지 세상에서 중생을 구제하는 지장보살을 그린 작품이 많은데, 아마 고려 사람들이 가장 친근하게 생각하는 부처들을 가까이하고 싶어서인가 봐요. 그 밖에 광명의 부처인 비로자나불이나 중생의 질병을 구제해 주는 약사여래도 그려졌어요.

소매 부분

◆ 〈아미타여래도〉
아미타여래가 화려한 대좌에서 결가부좌하고 있는 모습입니다. 아미타여래는 불교에서 인간이 죽은 다음에 태어날 행복한 세계인 불국토 중에서도 중생이 가장 가고 싶어 하는 서방 극락에 있는 부처님이에요. 이 그림에는 원나라에 있는 충렬왕과 충선왕, 충선왕비(보탑실련공주)의 빠른 귀국을 기원하며 그렸다는 명문이 쓰여 있어요. 부처님의 품격에 어울리는 위엄 있는 모습, 색채의 조화, 치밀한 화면 구성이 돋보여 고려 불화를 대표하는 걸작 중의 하나라고 해요. 충렬왕 32년(1306), 일본 근진미술관 소장.

◆ 1만 5천 화불을 품고 있는 〈비로자나불도〉

언뜻 보면 단순한 문양 같지만 이 부처님이 입은 법의는
1만 5천 명의 부처님으로 가득 메워져 있어요.
이 〈비로자나불도〉는 다른 데서 볼 수 없는 독특한 불화입니다.
법의를 걸치고 구슬 목걸이와 팔찌를 한 부처님이 두 발을 꼬아
오른쪽 무릎을 두 손으로 감싸듯 하고 앉아 옆으로 몸을 돌려
위를 바라보고 있지요. 이 불화는 부처님의 얼굴과 살갖을 뺀 모든 부분,
그림 테두리 네 면까지 화불로 장식했어요. 화엄경에 의하면
이 그림은 비로자나불의 진신(참다운 모습)인 노사나불이
깨달음에 이르는 순간 큰 빛을 발하여 사방을 비추고 노사나불의
모든 털구멍에서 화신이 구름처럼 나와 화불 무리가 되어
법의에 자리 잡고, 화불 무리가 부처님 세계를
가득 채워 가는 상황을 보여 준 것이라고 해요.
일본 부동원 소장.

◆ 비로자나불의 법의에 무늬처럼 그려진 화불들

부처님의 법의에
그려진 화불들

* 화불 : 중생을
구하기 위해
여러 모습으로
나타나는 부처.

고려 불화 속에서 만나는 고려청자

고려 불화는 종교를 넘어 그 시대 사람들의 삶을 그리고 있어요. 고려 사람들의 생활 곳곳에 쓰였던 고려청자를 불화에서 찾아보았어요.

◆ **동자 모양 청자 연적**
이 모습은 일본 경신사에서 소장하고 있는 〈수월관음도〉 속의 선재동자와 닮아 있어요. 불화 속의 동자와 동자 모양의 청자, 분아는 다르지만 그 시대의 삶을 함께한 장인들의 예술혼을 품고 있는 작품들이지요.
이 작품은 동자가 안고 있는 새의 입으로 물을 따르는 연적인데 유약의 색이 아름답고 우아한 기품이 느껴집니다.

◆ **고려가 멸망하던 해에 일본으로 들어간 〈수월관음도〉**
이 그림은 자비로 중생의 괴로움을 구제한다는 관음보살을 그린 그림이에요. 이 관음보살도는 충선왕 2년(1310)에 그렸다는 기록이 있어요. 1392년에 일본의 경신사로 이전되었다는 기록을 통해 고려가 멸망하던 해에 일본으로 들어간 과정을 알 수 있지요.
투명한 베일의 질감을 표현한 세련된 필치, 그 위를 나는 듯한 구름과 봉황 무늬의 아름다움, 백색 물감 위주로 묘사한 가슴 띠의 생생함, 입체감 넘치는 바위의 묘사가 아름다움의 극치를 보는 듯해요.
이 그림은 동아시아 불교 관련 그림 가운데 대표작이라고 해도 지나친 말이 아니라는군요. 일본 경신사 소장.

◆ **〈수월관음도〉의 오른쪽 아래에 그려진 선재동자**
선재동자는 화엄경에 나오는 남자아이로, 깨달음을 얻기 위해 천하를 돌아다녔다고 해요.

◈ 〈수월관음도〉 속의 정병
버들가지가 꽂혀 있는 이 정병은 충숙왕 10년인 1323년에 서구방이라는 화가가 그린 〈수월관음도〉에 그려진 정병입니다.

◈ 〈지장보살도〉
바위 위에 반가부좌한 지장보살은 오른손에는 보배로운 구슬인 보주를 들고 왼손은 가슴까지 들어 올리고 있어요. 그 왼쪽에는 석장을 짚은 스님이 있고, 오른쪽에는 왕의 옷차림으로 관모를 쓴 인물이 두 손으로 불경 함을 받쳐 들고 있어요. 이 〈지장보살도〉는 저승에 끌려갔다가 지장보살로부터 구원받은 도명 스님의 이야기를 담은 그림이에요. 관모를 쓴 인물은 염라대왕으로, 그가 받쳐 든 불경 함은 송나라나 원나라 때의 불경 함과 닮아 있다고 해요. 일본 원각사 소장.

◈ 음각으로 버드나무와 물고기 문양을 새긴 청자 정병
〈수월관음도〉에는 버들가지를 꽂아 놓은 정병이 항상 등장해요. 원래 이 정병은 부처 앞에 맑은 물을 올리는 그릇으로 쓰였지 만 《고려도경》에 따르면 고려에서 귀족이나 일반 서민까지 이 정병을 물병으로 널리 썼다고 해요. 병의 어깨 부분에 여닫이로 되어 있는 곳으로 물을 담고, 병마개처럼 생긴 긴 대롱 쪽으로 물을 따르게 되어 있어요. 섬세한 선으로 버드나무와 물고기가 새겨져 있어요. 일본 동양도자미술관 소장.

◈ 불경 함을 받쳐 든 염라대왕
〈지장보살도〉에서 염라대왕이 들고 있는 불경 함과 닮은 고려청자가 있어요. 이 불화를 그린 화가가 보고 그렸을 실제 생활에서 쓰이던 청자 함이지요.

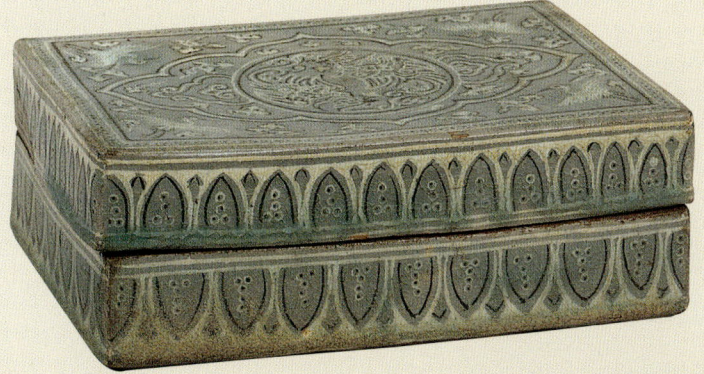

◈ 청자 상감 봉황 문양 함
백흑의 상감 기법으로 아름답게 문양을 넣은 이 함은 불경을 넣었던 상자로 보여요. 〈지장보살도〉의 관모를 쓴 인물이 받쳐 든 불경 함과 꼭 닮아 있어요. 덮개에는 가운데에 봉황 문양을 넣고 네 귀퉁이에 구름과 학 문양을 그렸어요. 옆면에는 구슬을 꿴 것처럼 연꽃잎 문양을 넣었어요. 유약은 광택이 나고 문양도 잘 나타냈어요. 훌륭한 청자 작품으로 꼽히는 이 자기와 유사한 도자기 조각이 전북 부안군 유천리 가마터에서 출토되었다고 해요. 일본 동양도자미술관 소장.

◆ 〈수월관음도〉
〈수월관음도〉는 선재동자가 보타락가산에 살고 있는 자비의 보살 관음을 만나는 장면을 그린 그림입니다. 이 불화는 관음보살의 풍부한 자태, 선명한 색채, 치밀한 문양 표현이 뛰어난 작품으로 평가되고 있어요. 그런데 이 불화에서는 관음보살과 맞대응하던 선재동자를 관음의 오른발 아래에서 그 반대쪽의 연잎 위에 서 있는 모습으로 표현하고 그 자리에는 다른 인물들을 그려 넣었어요. 또한 화면 위쪽에는 꽃가지를 물고 있는 새를 그려 넣어 일반 수월관음도와는 달라요. 관음의 오른발 아래에 그려 넣은 인물들은 《삼국유사》에 나오는 설화 '낙산 성굴'에 나오는 사람들이라고 합니다. 불화에 이런 설화를 덧붙인 예는 거의 없다고 해요. 이 그림은 요소가 다양하면서도 구성이 짜임새 있어 안정되어 보이고, 바람에 날리는 선재동자의 옷자락, 인물들의 배경인 구름의 움직임, 특히 격랑의 물결에서 자연스러운 율동감이 느껴지지요.
일본 대덕사 소장.

그림 아랫부분에 그려 넣은 인물들
《삼국유사》에 나오는 설화 '낙산 성굴'의 내용을 그린 이 그림은 동해 용왕이 관음보살에게 공양하러 가는 모습입니다. 관음보살을 예배하기 위해 낙산에 머물던 신라 승려 의상 대사 앞에 동해 용왕이 시종들을 이끌고 나타났고, 의상과 함께 여의주를 관음에게 바치는 장면입니다.

〈아미타내영도〉
미타여래와 관음보살, 지장보살이 구름 위의 연꽃 대좌를 밟고 왼쪽 아래에 려진 왕생자(극락에서 다시 태어나는 사람)를 극락으로 맞아들이는 면입니다. 아미타여래는 오른손을 내밀고 구슬 장식인 계주에서 빛을 내어 생자를 맞이하고 있어요. 지장보살은 오른손에 보주를 들고 정면을 향해 고, 관음보살은 연꽃 대좌를 앞으로 내밀듯 들고 허리를 굽혀, 마치 그 연꽃 좌 위에 태우려는 듯 왕생자를 적극적으로 맞이하고 있는 독특한 구도의 미타여래도입니다. '내영도'는 내세에 다시 태어난다는 왕생 사상을 보여 는 그림입니다. 삼성미술관 리움 소장.

미타여래가 입고 있는 금박 비단 법의의 문양이 섬세하게 표현되었어요. 광의 빛과 투명한 표현도 자세히 들여다보이지요.

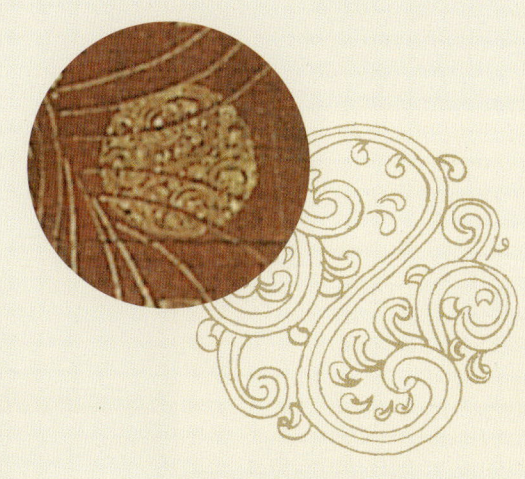

〈아미타내영도〉의 금박 문양인 연화 당초 문양.

고려청자는 왜 유명한가요?

청자는 중국에서 처음 만들기 시작했어요. 그런데도 고려청자가 중국 사람까지도 '천하제일'이라 할 정도로 중국 청자를 뛰어넘어 최고의 그릇으로 이름을 날렸어요. 신비로울 정도로 아름다운 비색을 내기 때문이었지요. 좋은 비색을 내려면 불의 온도를 1,300도 이상 높일 수 있는 기술, 그렇게 높은 온도를 견딜 수 있는 품질 좋은 흙, 적당한 양의 철분을 머금고 있는 유약이 있어야 해요. 이렇게 수준 높은 기술과 좋은 재료로 만들어진 고려청자는 세계적인 명품으로 인정받고 있지요.

중국 청자와 닮은 초기 청자의 해무리굽
전남 해남군 화원면 초기 청자 가마터에서 발굴된 것이에요. 이후에 만들어진 청자보다 굽이 넓고 낮습니다. 해 주변에 나타나는 둥근 테두리를 연상시키는 이 해무리굽은 중국 월주 가마에서 만든 청자와 닮았어요. ⓒ박종진

순청자 병
고려청자 가운데 아무런 무늬가 없는 청자를 순청자라고 해요. 비색과 모양이 매우 아름다운 완성도 높은 고려청자 원형입니다. 중후한 몸체의 부풀림이나 깊은 유색의 여유로움은 고려청자만이 가진 아름다움이지요. 고려는 11세기 후반에서 12세기 전반까지 이런 순청자를 만들어 냈어요. 일본 동양도자미술관 소장.

청자 음각 연꽃 당초 무늬 항아리
고려 초기의 순청자 항아리는 몸체가 원통형인 데 반해 완전히 고려화된 11~12세기에는 이 항아리처럼 우아한 공 모양으로 변했어요. 삼성미술관 리움 소장.

백자 음각 모란 무늬 병
고려에도 백자가 있었지만 극히 드물지요. 몸체가 충분히 아래로 부풀려지고 목이 가늘고 긴 모양에서 고려만의 아름다운 조형 감각을 느낄 수 있어요. 몸체에는 모란과 연의 가지 무늬가 음각으로 새겨져 있는데 그 선의 묘사도 목가적인 고려만의 표현 기법이라고 해요. 고려 백자를 대표하는 걸작 중 하나입니다. 일본 동양도자미술관 소장.

'순화 4년'명 항아리와 바닥에 새겨진 글
순화 4년, 즉 993년에 태조 왕건의 사당에서 쓸 수 있도록 최길회라는 장인이 만들었다는 기록이 바닥에 새겨져 있어요. 만든 사람, 쓰일 곳과 제작 연대가 밝혀져 더없이 중요하지만 아직 청자다운 푸른색이 드러나 있지 않아요. 이 때문에 993년경에는 고려청자가 아직 초기 단계에 있었음을 알 수 있어요. 이화여자대학교박물관 소장.

송나라에서 천하의 명품으로 인정한 고려청자는 어떤 것인가요?

비색 청자가 정점에 달했던 12세기를 전후하여 고려에서는 도자기의 표면에 그림을 새기고 그 홈에 흰색이나 검은색의 흙을 메워 넣는 상감 기법을 청자에 적용하여 상감 청자를 만들었어요. 상감 기법은 비색을 완성시킨 것 못지않은 커다란 발전이었어요. 유약의 질감뿐 아니라 색감과 무늬에서 독특한 아름다움을 갖고 있어 송나라에서도 이 상감 청자를 천하의 명품으로 인정했어요.

청자 상감 모란 무늬 항아리

개성에서 출토된 이 항아리는 우물물을 담아 나르던 오지그릇과 닮은 작은 항아리예요. 엷은 비색 바탕의 그릇 앞뒤에 모란을 큼직하게 상감해 놓은 미적 감각은 상감 기법의 높은 수준을 잘 보여 주고 있어요. 이런 수준의 유약과 바탕흙, 세련된 기법은 고려 상감 청자 가운데 으뜸이라고 해요. 양 어깨에 보이는 짐승 모양 손잡이는 고려의 청동 작품에서 보던 기법을 가져온 것 같다는군요. 국보 98호. 국립중앙박물관 소장.

역상감된 연과 당초 무늬 청자

바탕을 흰색으로 상감하여 문양을 청자 본래의 비색으로 남겨 둔 아름다운 항아리입니다. 이런 기법을 '역상감'이라 하는데 몸체에 네 송이의 연꽃을 당초로 연결했어요. 귀엽게 생긴 동그란 항아리에 납작한 뚜껑을 덮은 단아한 모양입니다. 삼성미술관 리움 소장.

청자 상감 금채 원숭이 무늬 항아리

개성 만월대의 고려 왕궁 터에서 발견된 이 항아리는 상감 무늬 가까운 부분에 선을 음각하고 여기에 금채를 하였어요. 금채는 상감 청자의 유약 표면에 다시 금으로 무늬를 장식하는 것인데 금을 붙이는 기법은 지금도 자세히 알 수 없다고 해요. 《고려사》에는 충렬왕 23년(1297)에 조인규라는 사람이 원나라에 금으로 채색한 자기를 바쳤다는 기록이 있어요. 국립중앙박물관 소장.

청자 상감 모란 국화 무늬 참외 모양 꽃병

주둥이는 활짝 핀 오이꽃처럼 벌어졌고, 참외 모양의 몸체에는 여덟 면에 국화와 모란꽃을 번갈아 흑백으로 상감했어요. 몸체 아래에 역상감 기법으로 연꽃잎 무늬 띠를 돌리고, 어깨에는 '모든 것이 뜻과 같이 된다'는 의미의 여의두 무늬로 띠를 돌렸어요. 굽은 높게 치마 주름처럼 장식했어요. 국보 114호. 국립중앙박물관 소장.

청자 상감 당초무늬 대접

이 대접은 고려 의종 13년(1159)에 죽은 문공유라는 고려 문신의 묘지에서 출토되어 상감 청자의 연대를 알 수 있는 가장 오래된 유물이라고 해요. 이 시기에 이미 상감 무늬가 매우 세련되게 발전했다는 것을 알 수 있지요. 이 대접의 안쪽은 무늬 외의 바탕이 모두 백상감 단색으로 된 데 반해 바깥 면에는 한 가지의 국화꽃을 다섯 군데에 흑백으로 상감해서 안과 밖의 조화를 이루고 있어요. 국보 115호. 국립중앙박물관 소장.

고려청자는 어디에 사용했나요?

아름다운 고려청자는 고려 귀족들의 생활필수품이었어요. 현재 남아 있는 고려청자에는 항아리, 병, 주전자 같은 그릇을 비롯해 붓꽂이, 연적 같은 문방구류와 베개, 촛대는 물론 향로, 정병처럼 제사나 불교 의식에 쓰인 의례 용품까지 있어요. 고려인들의 생활 어디에서나 청자가 두루 쓰인 것을 알 수 있지요. 도읍이었던 개경의 왕궁 터에서는 청자 기와 조각도 나와서 화려했던 고려 궁성을 상상해 볼 수 있지요. 초기 청자에는 차와 관련된 용품이 많은데 이런 현상은 신라 후기에 선종 불교가 들어오면서 보급된 차 문화와 관련이 있다고 해요.

청자 양각 죽순 무늬 주전자
이 주전자는 조각 기법이 가장 발달했던 12세기 전반에 만들어진 것이라고 해요. 죽순을 네 단으로 부조하고, 손으로 자유롭게 그은 섬세한 선으로 대나무의 잎맥을 나타냈어요. 유약의 색도 매우 좋은 상태지요. 일본 동양도자미술관 소장.

청자 상감 국화 무늬 받침잔
꽃 모양 잔으로 각 꽃잎에는 국화 무늬가 상감되어 있어요. 잔 받침 부분은 중앙에 국화 무늬가 음각으로 새겨져 있어요. 국립중앙박물관 소장.

청자 비룡 모양 주전자
머리는 용, 몸통은 물고기인 상상 속의 동물 어룡이 물을 박차고 힘껏 뛰어오르는 모습의 주전자예요. 국보 61호. 국립중앙박물관 소장.

청자 철화 버드나무 무늬 통 모양 병
긴 통처럼 생긴 병의 앞뒤에 각각 한 그루의 수양버들을 운치 있게 그려 넣어 한 폭의 산수화 같은 느낌을 주는 철화 청자 병입니다. '철화 청자'는 산화철 성분의 물감으로 무늬를 그리고 유약을 입힌 다음 구워 내면서 무늬가 검게 나타나는 자기라고 해요. 다갈색 바탕이 소박한 모양이나 간결한 선의 장식 무늬와도 잘 어울려 또 다른 아름다움으로 사랑받는 작품이라고 해요. 국보 113호. 국립중앙박물관 소장.

● **고려청자는 어디에서 생산되었나요?**
고려청자가 아름다운 것은 그 재료인 고려의 흙이 좋았기 때문입니다. 고려청자가 많이 생산된 전라도 강진이나 부안은 품질 좋은 흙이 풍부한 곳이에요. 또한 산림을 끼고 있어 청자를 구울 때 필요한 땔나무를 쉽게 구할 수 있었지요. 아울러 이곳은 바닷가여서 구워 낸 청자를 개경으로 운반하기에도 좋은 위치였어요.

강진의 청자 가마터
ⓒ홍영의

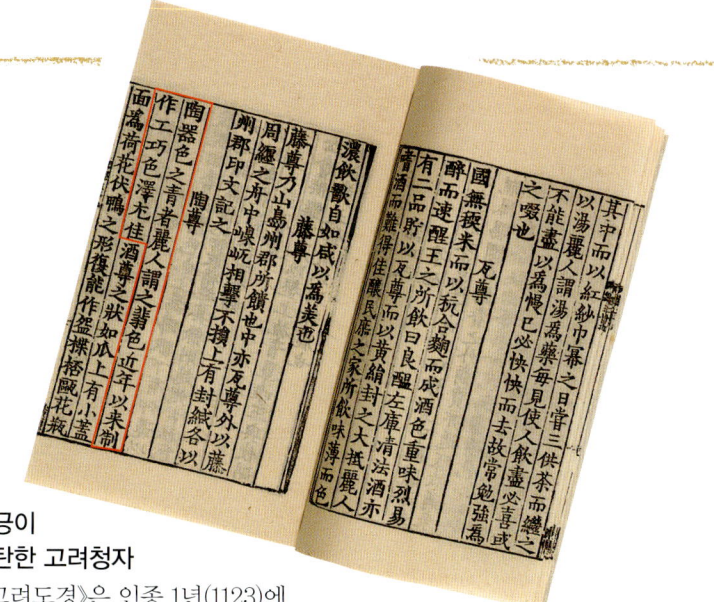

서긍이 감탄한 고려청자

《고려도경》은 인종 1년(1123)에 고려에 왔던 원나라의 관리 서긍이 고려 사회의 문물을 그림과 함께 기록한 책이에요. 이 책에서 서긍은 고려청자를 이렇게 기록하고 있어요. "자기 빛깔이 푸른 것을 고려 사람들은 비색이라고 하는데, 요 몇 해 사이에 만드는 솜씨가 교묘해지고 빛깔도 더욱 좋아졌다."

버드나무와 새 문양 상감 청자 판

두께가 5밀리미터 정도인 이 도자기 판은 용도를 잘 알 수 없어요. 물풀 꽃과 버드나무가 싱싱하게 자라고 있는 물가에서 백로를 닮은 새들이 놀고 있어요. 문양은 모두 상감되어 있어요. 한 폭의 수채화를 그린 벽걸이 같은 이 청자는 고려 상감 청자 중에서도 특히 고려다운 감성을 짙게 품고 있는 작품이지요. 일본 동양도자미술관 소장.

청자 칠보 무늬 향로

향로의 뚜껑과 몸통, 받침을 결합하여 고려청자의 대표적인 명품으로 만들어 냈어요. 음각, 양각, 투각, 상감 등 다양한 기법이 이용되었지요. 토끼가 귀를 쫑긋 세우고 향로를 받치고 있어요. 국보 95호. 국립중앙박물관 소장.

청자 조각 원앙 덮개 향로

덮개에 원앙을 장식한 이 향로는 얕고 부드러운 기법과 깊고 예리한 기법으로 깃털을 조각한 솜씨가 뛰어나 고려 조각 기술의 높은 수준을 보여 줍니다. 전남 강진 사당리 가마터에서 같은 도자기 조각이 발견되었다고 해요. 일본 동양도자미술관 소장.

청자 상감 국화 모란 무늬 벼루

청자 벼루는 드물어요. 이 벼루는 뒷면의 글을 통해 1181년에 만든 것으로 추측할 수 있어 매우 귀중한 유물이에요. 윗면 바닥은 먹을 쉽게 갈 수 있도록 둥글고 편평하게 다듬은 후 표면의 유약을 닦아 냈어요. 삼성미술관 리움 소장.

청자 쌍사자 조각 베개

사자 한 쌍이 서로 엉덩이를 맞대고 베개 판을 이고 있는 모습의 청자 베개입니다. 강한 사자의 모습이 부드러운 질감으로 조각되어 균형을 이루고 있어요. 삼성미술관 리움 소장.

청자 용머리 장식 붓꽂이

양 끝에 용머리를 장식한 붓꽂이로 붓을 꽂을 수 있는 구멍이 세 개 있어요. 양 옆면에는 당초무늬를 투각으로 조각했어요. 국립중앙박물관 소장.

청자 석류 모양 연적

탐스러운 석류를 얼싸안고 있는 원숭이를 표현한 연적입니다. 원숭이의 입으로 물이 흘러나오게 되어 있어요. 국립중앙박물관 소장.

고려에서도 역사책이 나왔나요?

고려에는 춘추관이라는 곳이 있어서 역사 편찬을 담당했어요. 고려는 초기에 유학이 발달하면서 《7대실록》, 《고금록》, 《편년통록》 같은 역사책이 편찬되었고, 중기 이후에는 우리 역사를 자주적인 입장에서 이해하려는 분위기가 조성되었어요. 그래서 이규보의 《동명왕편》, 일연의 《삼국유사》, 이승휴의 《제왕운기》가 편찬되었지요. 고려 말에는 정통과 대의명분을 중시하는 성리학의 영향을 받아 민지의 《본조편년강목》, 이제현의 《사략》이 편찬되었어요.

고려 시대의 학자 이승휴를 모신 동안사
이승휴가 원나라 간섭기에 쓴 《제왕운기》에는 단군의 역사는 물론 발해의 역사도 기록되어 있어요. 삼척 두타산에 동안사를 비롯한 이승휴 유적이 있어요. ⓒ삼척시청

《삼국사기》와 《삼국유사》는 어떻게 다른가요?

《삼국사기》는 유학자이자 정치가였던 김부식이 왕의 명령을 받고 쓴 역사책입니다. 이 책에는 삼국의 정치, 전쟁, 외교에 대한 내용이 자세히 기록되어 있고 신화나 전설은 빠져 있어요. 형식적으로는 삼국을 동등하게 다루었지만 내용 면에서는 신라를 중심으로 한 역사책이지요. 반면 승려 일연이 쓴 《삼국유사》는 신화, 풍속, 신앙, 설화, 향가 같은 다양한 자료가 담겨 있어 삼국의 문화사를 연구하는 데 중요한 자료가 되고 있어요.

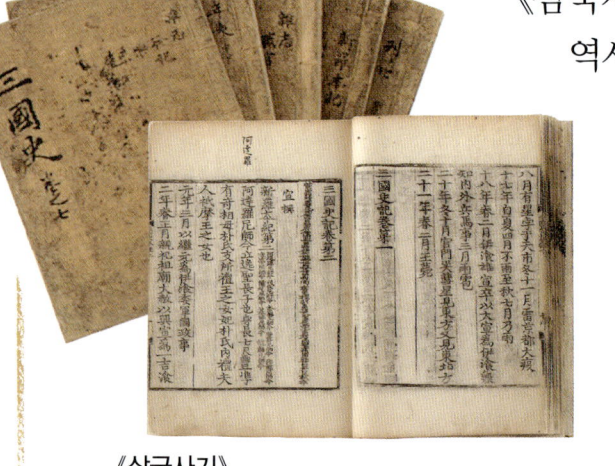

《삼국사기》
고려 인종의 명을 받고 김부식이 11명의 학자들과 함께 《삼국사기》를 편찬했어요(1145). 《삼국사기》는 현재 우리나라에 남아 있는 가장 오래된 역사책이지요. 이 책은 왕을 중심으로 각 시대의 중요한 정치와 문물, 제도, 인물이 잘 기록되어 삼국의 역사를 알 수 있게 합니다. 보물 525호. 옥산서원 소장.

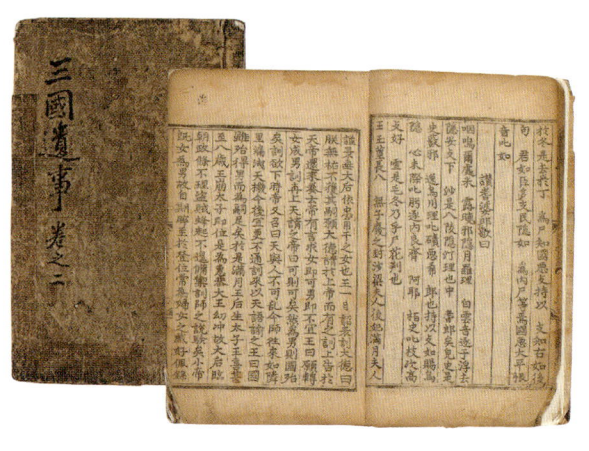

《삼국유사》
《삼국유사》의 '사'는 '역사 사(史)'가 아니라 '일 사(事)' 자입니다. 전해 내려오는 이야기를 정리한다는 의미에서 '유사(遺事)'라는 이름을 붙였다고 해요. 《삼국유사》는 《제왕운기》와 더불어 단군 조선을 우리 역사의 출발점으로 설정하였고, 고조선, 삼한 등 상고사를 복원하고 우리 고대 문화의 많은 부분을 밝히는 데 큰 도움을 주고 있어요. 성암고서박물관 소장.

고려 사람들도 시를 지었나요?

과거 제도에서 글짓기나 논술 등을 시험하는 제술업이 중시되면서 문학이 발달하게 되었어요. 더구나 관리들이 매달 시를 지어 왕에게 바치는 제도가 시행되면서 시문학이 발달하게 되었어요. 그러자 학생들 사이에는 짧은 시간 안에 시를 짓는 놀이가 유행했어요. 이 놀이는 '각촉부시'라 해서 양초에 금을 그어 놓고 촛불을 켠 뒤, 초가 촛불에 녹아 그어 놓은 선에 이르는 시간 안에 시를 지어 재주를 겨루는 시합이었지요. 최충이 세운 사립 학교에서도 매년 여름이면 절에서 스님들의 방을 빌려 시 짓기 시합을 하곤 했어요.

《급암 민사평 선생 시집》
공민왕 19년(1370)에 새긴 목판으로 찍었다는 내용이 발문을 쓴 이색의 글에 나타나 있어요. 목은 이색은 고려 말 포은 정몽주, 야은 길재와 함께 '삼은'으로 유명한 문신 학자이지요.

● **지금도 남아 있는 고려 가요가 있나요?**
고려 시대에도 지금처럼 남녀 사이의 사랑을 그린 가요가 많았어요. 서경에 사는 남녀의 애정을 노래한 '서경별곡', 이별의 섭섭함을 노래한 '가시리', 장사하러 떠난 남편이 무사히 돌아오기를 기원한 '정읍사' 등이 대표적이지요. 그중 '가시리'는 현대 대중가요로 다시 태어났어요.

시를 짓거나 그림을 그리며 풍류를 즐긴 고려의 귀족
이렇게 풍류를 즐기는 일은 고려의 문인, 관료들이 이상으로 생각한 생활이었어요. 14세기에 그려진 것으로 추정되는 〈아집도〉 부분. 삼성미술관 리움 소장.

고려에는 어떤 학교가 있었나요?

고려에는 나라에서 세운 국립 학교와 개인이 세운 사립 학교가 있었어요. 최고의 국립 학교는 개경의 국자감이었어요. 국자감은 고려 후기에 성균관으로 이름이 바뀌었고, 그 이름은 조선으로 이어졌어요. 고려에서는 중앙뿐만 아니라 지방 학생들의 교육에도 관심을 기울여 지방 군현에 박사와 교수를 파견하기도 하고, 향교도 세웠어요. 국자감과 향교에서는 교육뿐 아니라 공자에게 제사를 지내는 일도 맡아서 했어요.

개성 성균관 대성전(위), 명륜당(아래)
성균관은 공자의 사당인 대성전, 학생들이 공부하는 장소인 명륜당, 기숙사인 동재와 서재로 구성되었어요. ⓒ박종진

● **외국의 사신도 감탄한 고려의 교육**
고려 인종 때 송나라 사신으로 왔던 서긍은 "고려 사람들은 선비를 귀하게 여기고, 글을 읽지 못하는 것을 부끄럽게 여겨 백성들의 집에서도 글 읽는 소리가 그치지 않는다. 아이들은 물론 군인까지도 글을 배우는 고려인의 모습이 훌륭하지 않은가? 이것이야말로 우리 송나라가 본받을 일이다."라고 기록할 정도로 고려의 높은 교육열을 부러워했어요.

교동 향교
우리나라 최초의 향교로 알려진 교동 향교는 인천광역시 강화군 교동면에 있어요. 고려 25대 왕인 충렬왕 때 학자 안향이 원나라에서 공자상을 들여와 이곳에 모셨다고 해요.
ⓒ박종진

국자감에서는 무엇을 배웠나요?

고려는 유교를 정치 이념으로 삼아서 유교 교육을 받은 관리를 양성해야 했어요. 나라에서 세운 최고 학교였던 국자감은 지금의 종합 대학으로 유학부터 기술에 이르기까지 다양한 과목을 가르쳤습니다. 그러나 학생들의 신분에 따라 배울 수 있는 과목이 정해졌어요. 아버지가 3품 이상이면 국자학, 5품 이상이면 태학, 7품 이상이면 사문학에 입학해서 유학을 배웠어요. 아버지가 8품 이하거나 서민이면 기술학부에 입학해서 글씨를 공부하는 서학, 산수를 공부하는 산학, 법률을 공부하는 율학만 배울 수 있었지요.

성균관 은행나무
성균관에는 은행나무가 있는데 이는 공자가 행단에서 제자들을 가르쳤던 데서 비롯되었어요. 공자가 제자를 가르친 행단이 살구나무 아래인지 은행나무 아래인지에 대해 여러 의견이 있지만, 우리나라는 예부터 성균관, 향교 등에 은행나무를 심었어요.
ⓒ박종진

고려에는 사립 학교도 있었나요?

개경에는 사립 학교가 많았는데 가장 유명한 사립 학교는 고려 중기에 최충이 세운 9재 학당이었어요. 9재 학당은 9개의 전문 과정을 두었는데, 여기에 많은 학생이 몰려들었어요. 9재 학당의 과거 합격률이 국자감보다 더 높았기 때문이지요. 최충이 만든 사립 학교가 인기를 끌자 사립 학교가 많이 생겨서 사학 12도가 되었어요. 반면에 관학(국립 학교)인 국자감은 점점 위축되어 갔어요.

> ● **사학 12도**
> 고려 시대에 개경에 있었던 사립 학교 12개를 말해요. 사립 학교를 세운 사람들은 대부분 과거 시험 문제를 출제한 대학자들이었어요. 그래서 귀족 자제들은 과거를 잘 보기 위해 국자감보다 사립 학교에 몰려들었지요.

해동공자 최충의 영정
9재 학당을 세운 최충은 고려 시대 최고의 유학자여서 '해동공자'로 불렸어요.
한국학중앙연구원 소장.

다양한 문화를 꽃피운 고려 2 고려는 어떻게 세계 최초로 금속 활자를 만들었나요?

다양한 문화를 꽃피운 고려 ❷ 차례

신분 제도
고려 사람들은 평등했나요?
어떤 사람들이 노비가 되었나요?
농민들은 어떻게 살았나요?

살림살이
고려 사람들도 세금을 냈나요?
고려에도 화폐가 있었나요?
고려 사람들은 어디에서 물건을 사고팔았나요?

풍속, 축제
고려의 혼인 풍속은 지금과 같았나요?
고려에서는 누구에게 재산을 물려주었나요?
고려 최고의 축제는 무엇이었나요?

식생활
고려 사람들은 무엇을 즐겨 먹었나요?
고려 사람들은 별식으로 무엇을 먹었나요?
고려 사람들은 어떤 그릇에 음식을 담았나요?

주생활
고려 사람들은 어떤 집에 살았나요?
고려 집의 특징은 무엇인가요?
지금도 고려 시대에 지은 집이 있나요?

의생활
고려에서는 어떤 옷을 입었나요?
고려에는 어떤 옷감이 있었나요?
고려의 왕족과 귀족은 어떤 옷을 입었나요?

공예 기술
고려의 금속 공예품에는 어떤 것이 있나요?
은입사 기술로 장식한 공예품에는 어떤 것이 있나요?

천문학, 장례, 의학
고려 시대에도 천문 관측을 했나요?
고려에서는 어떻게 장례를 치렀나요?
고려에도 병원이 있었나요?

팔만대장경
고려는 왜 '팔만대장경'을 만들었나요?
'팔만대장경'은 어떻게 세계기록유산이 되었나요?

인쇄술
고려의 인쇄술은 어떻게 발전할 수 있었나요?
고려가 좋은 종이를 만든 비결은 무엇인가요?
《직지심체요절》은 어떻게 세계기록유산에 올랐나요?
고려는 어떻게 세계 최초로 금속 활자를 만들었나요?

정치 변동
왕이 되려 했던 귀족은 누구인가요?
이자겸의 난이란 무엇인가요?
무신들은 왜 난을 일으켰나요?
무신 정권은 얼마나 계속되었나요?

무신 정권 시대
고려의 무신 정권을 대표하는 사람은 누구인가요?
최씨 가문은 어떻게 60년이 넘게 권력을 누렸나요?
무신 정권 아래서 일반 백성들은 어떻게 살았나요?
노비 만적은 왜 난을 일으켰나요?

거란과 여진의 침입
고려의 이웃에는 어떤 나라들이 있었나요?
거란은 왜 세 번이나 고려에 쳐들어왔나요?
강감찬 장군은 왜 유명한가요?
윤관 장군은 어떻게 여진을 물리쳤나요?

몽골의 침입
몽골은 왜 고려에 쳐들어왔나요?
고려는 왜 강화도로 도읍을 옮겼나요?
삼별초는 왜 저항했나요?

원나라의 간섭기
고려는 왜 원나라의 부마국이 되었나요?
원나라는 고려에 무엇을 요구했나요?
공민왕은 원나라에 어떻게 대응했나요?

멸망
고려는 어떻게 멸망하게 되나요?
이성계는 왜 위화도에서 군사를 돌렸나요?
고려가 망한 후 충신들은 어떻게 되었나요?
고려를 알려면 어떻게 해야 하나요?

우리 역사상 처음으로 진정한 통일 국가를 이룬 고려

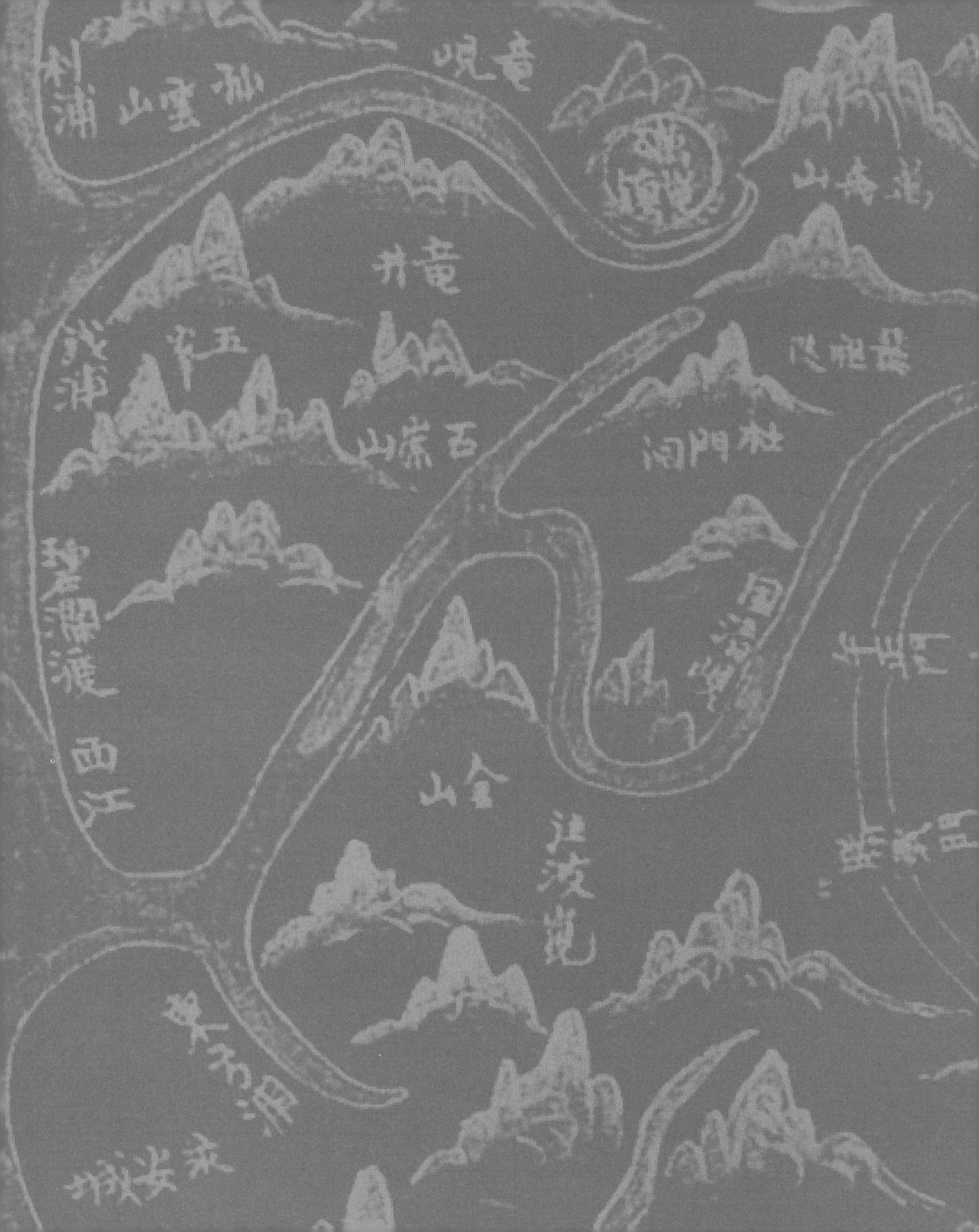